LE
MARÉCHAL NEY

DEVANT

LES MARÉCHAUX

DE FRANCE.

SECONDE PARTIE.

PARIS,

DE L'IMPRIMERIE DE C.-F. PATRIS,

Chez CHAUMEROT jeune, libraire, Palais Royal ;
galeries de Bois, n° 188.

1815.

____

LE

MARÉCHAL NEY

DEVANT

LES MARÉCHAUX DE FRANCE.

~~~~~~~~

FERMEMENT convaincus que ceux qui nous blâment se trompent et trompent involontairement l'intérêt général, c'est à vous, auteurs et arbitres de la gloire nationale, c'est au pied de votre tribunal suprême que nous osons avec respect déposer le tribut

1
~~~~~~~~

que les lettres doivent à la justification des défenseurs de la patrie.

Loin de nous l'intention d'emprunter les charmes du discours pour séduire ! Notre seul désir est de poser le doigt de la justice sur la stoïque vérité, sur cette vérité si difficile à écouter, et que l'on a toujours tant d'intérêt d'apprendre.

Une vérité dure (dit un savant) n'en est pas moins une vérité. Ce qui est, est. En effet, la vérité n'a pas de plus grande ennemie que l'éloquence, parce qu'elle est simple et qu'elle n'en a pas besoin. L'éloquence est souvent pour elle un superbe monstre qui se roule autour de son corps en mille replis tortueux, et dont la langue aiguë fait glisser dans ses sens un poison doux et subtil : ainsi dépouillée de tous les ornements du langage, souffrez que sa voix parviène jusqu'au fond de vos cœurs, et qu'avant de trancher le fil qui tient le glaive des passions suspendu sur la tête de l'accusé, elle vous rappèle que sur la vie et la mort des héros se fondent la gloire et l'éternité des nations.

L'histoire est un monument élevé par l'admiration et la reconnaissance à la gloire des grands hommes, pour perpétuer le souvenir de leurs actions, et transmettre aux générations futures les exemples inaltérables du talent, du courage et de la vertu ; mais elle attend avec froideur, dans le silence du temps, le moment d'effacer les altérations faites par l'abus de la puissance, pour la couvrir ensuite d'un ridicule éternel et invincible.

Les contemporains, ou les témoins de la vie des hommes illustres, sont chargés d'en rassembler tous les traits, comme autant de matériaux propres à la construction de cet indestructible édifice. Si chaque individu est comptable à la patrie, qui produit un citoyen fameux, du moindre témoignage de ses services éclatants et des actions de sa vie, nous vous apportons ce tribut en faveur d'un guerrier célèbre, dont la glorieuse carrière se trouve comme suspendue sous l'empire de nos malheurs, par les impénétrables desseins de la fatalité.

Cependant, avant d'avoir recours à la reconnaissance, nous allons essayer d'éclairer la justice.

On a cru pouvoir établir une comparaison parfaite entre Biron et le maréchal Ney, afin de faire ressortir à la fois la clémence et la juste sévérité de Henri IV. De grâce, gardez-vous de ce perfide et faux rapprochement. Si Biron n'avait manqué au monarque que pour le salut de la France, on connaît assez les vertus du Béarnais pour être certain qu'il lui aurait accordé son pardon. Mais Biron est mort traître à la fois à la France et au Roi. Voilà où repose la justice de son châtiment. Le maréchal a manqué au prince, mais c'était pour sauver la France d'une guerre civile qui aurait autorisé les Puissances de l'Europe à la partager ; pour opposer un frein à la fureur des partis nombreux qui la divisent. Le trône des lys était-il certain de triompher de tant d'obstacles pour se maintenir dans tous ses droits ? Mais aujourd'hui que les vertus de Henri IV siégent encore sur le trône de France, nous devons tout attendre d'un si noble héritage.

N'est-il pas de notoriété publique que l'armée entière s'est abandonnée à la révolte, de son propre mouvement et par sa propre volonté ? que les principaux chefs, non seulement n'en ont point été les instigateurs, mais encore n'en ont pu réprimer la désobéissance ? La rébellion, généralement répandue dans tous les corps et dans tous les rangs , n'a été provoquée que par Bonaparte , le seul instigateur des fautes que l'on cherche à punir. Après l'abdication de 1814 , vous devez vous souvenir avec quel empressement vous êtes venus offrir vos services et votre soumission à l'auguste frère de Louis XVI de religieuse mémoire. En effet, la paix si désirée était déjà le prix du retour des Bourbons , et sa prospérité réparait promptement les désastres qui marchent inévitablement à la suite des troubles civils survenus avec tant de rapidité ; mais aussi n'a-vez-vous pas vu bientôt cette confiance s'altérer par le rétablissement subit de préjugés vieillis, la marche rétrograde du gouvernement nouveau , et la pâleur mortelle du talent de quelques chefs passionnés et haineux ? Le profond respect que les Français devaient aux malheurs du monarque, malheurs qui étaient devenus communs à la nation, faisait taire la vérité. L'espoir de voir renaître les beaux jours de la France, donnait le courage de supporter, en soupirant, des fautes dont l'usurpateur a su profiter, et qui ont manqué de nous devenir si funestes. Voilà sincèrement la malheureuse origine des fluctuations politiques qui plongeaient les esprits dans l'incertitude, incertitude que vous avez éprouvée vous-mêmes, mais qu'une situation différente vous a permis de combattre et de vaincre.

Vous qui avez été les témoins oculaires de ses nombreux exploits, qui connaissez la force de son âme et la

grandeur de son courage , ne désirez-
vous pas de voir figurer ici les prin-
cipales actions du héros pendant les
douze années postérieures de sa glorieuse carrière ? Ah ! oui , pour vous
convaincre qu'il n'eut jamais l'idée af-
freuse d'une lâche trahison , écoutez
l'ombre infortunée du général Moreau
vous dire que c'est à l'intrépidité que
déploya le maréchal dans l'exécution
des mouvements qu'il dirigea , qu'il
doit le succès glorieux de la mémorable bataille d'Hohenlinden , malgré
que toutes les résistances de l'art et
de la nature lui furent constamment
opposées.

Suivez - le ensuite avec le sixième
corps d'armée , ce corps si digne de
son général , qu'il forma lui - même à

la discipline, et qu'il instruisit aux belles manœuvres du camp de Montreuil ; de là, dans cette fameuse guerre de 1804, dont les étonnants succès ne furent que les précurseurs de ceux qui, l'année suivante, devinrent si funestes à la Prusse.

Passez un instant avec lui sur le mont retranché d'Elchingen, couvert par trente mille hommes d'élite ennemis ; voyez-le, avec dix mille braves, attaquer, contre des forces triples, qu'augmentait encore l'avantage de la redoutable position des ennemis. Hélas! les lauriers qu'il moissonna sur la cime de ce mont, n'ombragent-ils pas aujourd'hui la toque ducale qui couronne encore son bâton de maréchal ? Et toi, Danube, redis aussi le nombre prodigieux

de ceux de tes habitants qui tentèrent
vainement d'arrêter sa marche impé-
tueuse, et qui ne trouvèrent d'autre
refuge que dans tes flots, qui les en-
gloutirent. Voyez Guntzbourg subir la
loi du vainqueur, et sa soumission ne
laisser à Ulm, investie de toutes parts,
que le parti de lui ouvrir ses portes,
sous lesquelles trente mille prisonniers
défilent devant ses bannières victo-
rieuses. Ici le grand général se montre
dans tout son jour. Plus occupé des
résultats qui mènent à la paix et au
bonheur de son pays, que de tout
autre intérêt, vous l'avez vu refuser
de s'arrêter à Ulm pour y discuter la
mention de ses services, et l'espace
qu'elle doit occuper dans un bulletin.
Il abandonne généreusement au maître
impérieux et jaloux le loisir d'en parer

son beau-frère, que ses vues ambitieuses destinaient à la souveraineté. Heureux d'avoir une destination qui lui permette d'étendre la latitude de son génie, il poursuit l'ennemi en déroute dans le Tyrol. Bientôt maître de la ville et du pays de Salzbourg, il ne tarde pas à l'être entièrement de cette importante province de la monarchie autrichienne.

Inspruck, Kufstein, et l'inexpugnable forteresse de Scharnitz, emportées par le brave sixième corps qu'il commande, lui assurent tous les défilés du Tyrol; et le maréchal communiquait déjà avec nos armées d'Italie, lorsqu'après la bataille d'Austerlitz vous avez vu la paix couronner les grands résultats de cette heureuse campagne.

Voyez-le encore en 1805 prendre sa part de gloire à Jéna, et faire capituler Erfurth : toujours seulement avec ce sixième corps, *Magdebourg* est investi. L'Europe entière ne sait-elle pas que cette place formidable, défendue par 600 bouches à feu en batterie, 22 mille hommes, et munie d'un approvisionnement immense, se rendit au maréchal le 9 novembre? Place importante d'où dépendait le sort de la Prusse et de toutes les opérations ultérieures de l'armée française. Combien de fois n'avez-vous pas été vous-mêmes pleins d'admiration pour la prodigieuse activité de son rare génie, dont les ressources se renouvelaient et se multipliaient à chaque contrariété, pour remplacer tous les vides que laissaient les moyens secondaires! Il mar-

che avec vous sur Berlin, et force l'armée entière d'admirer ce que peut un
grand caractère mu par la gloire et la
confiance. Tous les obstacles, toutes
les difficultés s'applanissent devant sa
mâle volonté, et rien ne résiste au besoin qu'il éprouve d'annoblir toutes les
actions du devoir.

Voyez un double triomphe venir
rehausser encore tous les triomphes du
maréchal. Ne vous prouva-t-il point
qu'il était aussi habile négociateur qu'illustre guerrier, et comment un général
peut doubler la force des armes par les
utiles talents du cabinet? La prise de
Magdebourg est un chef-d'œuvre d'activité et de science militaire (1).

---

(1) De quelle utilité ne fut-elle pas dans le

Traversez maintenant avec lui deux cents lieues de pays hérissés d'obstacles, au milieu des rigueurs de l'hiver, où chaque jour le maréchal livre un nouveau combat ; admirez le héros dans cette terrible campagne de Prussich-Eylau, en 1806, et dans les camps de Gulstads, sur la Panarge ; voyez-le en présence d'un ennemi quadruple de sa troupe, lutter pendant quatre mois contre toutes les misères de la disette.

cours de cette guerre ? Outre d'immenses magasins tombés en notre pouvoir, elle nous rendit maîtres de toute la navigation de l'Elbe ; elle procura à l'armée française les plus grandes ressources de toute espèce, et la plus grande sécurité pendant la durée des opérations ultérieures au-delà de l'Oder et de la Vistule.

Assailli par soixante-dix mille Russes, il contient avec quatorze mille braves tous les efforts de l'ennemi (qui avait conçu le projet d'enlever le sixième corps), jusqu'à ce qu'il eût rassemblé des troupes, à l'appui desquelles il reprit aussitôt l'offensive, défit l'ennemi, et accéléra cette mémorable et décisive bataille de Friedland, dont le succès lui est universellement attribué.

Ignorez-vous que la conduite héroïque du maréchal à Gulstads, et ses manœuvres savantes, ont sauvé l'armée française des plus grands revers? que la même intrépidité avec laquelle on le vit tour-à-tour à la tête des corps d'infanterie et de cavalerie à la journée de Friedland ont produit la paix de Tilsitt, si glorieuse pour la France, et si nécessaire au repos de ses armées (1)?

C'était là qu'aurait dû s'arrêter l'aveugle et insatiable ambition de l'homme qui a depuis accumulé sur notre patrie, alors heureuse et puissante, tous les éléments de notre perte.

---

(1) On a déjà fait pressentir, à l'article d'Ulm, l'abus de recourir avec trop de confiance à certains bulletins de l'armée, pour obtenir l'appui authentique d'une citation; mais nous pouvons du moins garantir le témoignage que l'on y trouve fréquemment à la louange du maréchal Ney, parce qu'ils ne sont que l'expression des hommes universels de l'armée. Ainsi, voyez le bulletin de la bataille de Friedland, qui donne au maréchal le surnom de brave des braves.

2

Tandis que nous pouvions espérer même de faire oublier les maux de la guerre aux peuples du Nord, qui en avaient le plus souffert, en rétablissant entr'eux et nous toutes les liaisons de l'amitié et de l'industrie.

Après l'avoir vu au milieu des succès, voulez-vous l'accompagner maintenant au milieu des revers dont l'accabla l'insatiable ambition de Bonaparte?

Ce ne fut pas sans le sentiment de la plus vive peine, que la funeste et injuste guerre d'Espagne vint renverser toutes ses plus belles espérances. L'ambitieux Bonaparte, voulant prévenir d'inutiles, mais salutaires avis, et adoucir la répugnance que le maréchal éprouvait à faire cette campagne, fit venir en poste de Silésie le brave sixième corps, auquel il joignit d'autres troupes, qu'il mit sous le commandement du maréchal, et il ne tarda pas à le joindre à Vittoria. Hélas ! ces troupes n'arrivèrent que trop tôt, pour le malheur de l'humanité. Quelques opérations furent entreprises en les attendant, mais elles ne furent que le prélude de la malheureuse expédition sur Madrid. Cependant le maréchal occupait la Galice depuis six mois ; il allait même y joindre la conquête de la province des Asturies. Déjà il avait fait sa jonction avec le général Bonnet à Oviédo, lorsque la retraite de l'armée française en Portugal le força lui-même à se retirer (1808).

Dans quelle campagne de toutes nos guerres, si vous en exceptez celle du général Moreau, avez-vous vu une retraite aussi bien ordonnée et aussi habilement conduite à sa fin que celle du maréchal Ney à travers les montagnes et les défilés de la Galice? Le siége de Ciudad-Rodrigo, en 1810, honore à jamais le grand capitaine qui le commanda et qui le suivit dans tous ses détails. Le maréchal, prince d'Esling, qui assista à la reddition de cette place, et sous les ordres duquel le maréchal Ney ne tarda pas à marcher en Portugal, peut mieux que personne vous attester tous les genres de mérite de son trop illustre et malheureux camarade, auquel il confia cette autre difficile et fameuse retraite de l'armée de Portugal en mars 1811. Toutes les misères humaines semblaient la retenir comme bloquée, séparée de tout secours de la France et même de l'Espagne. C'est à *Pombal*, à *Rédinna*, et à *Soz de Arouze* surtout que l'armée anglaise apprit à ses dépens à respecter les pas rétrogrades de l'armée française, qui avait été victorieuse jusqu'aux portes de Lisbonne, où l'arrière-garde était formée du sixième corps, et commandée par son invincible chef, le maréchal Ney.

C'est au milieu de toutes les nations qui l'admirent depuis 25 ans, et principalement dans les campagnes désastreuses qui ont été la conséquence de celle de Moskow, qu'il prouvait encore à Lutzen, à Dresde, à Leipsick, et en dernier lieu au Mont-Saint-

Jean, que le malheur, si accablant pour les âmes communes, double dans le grand homme toutes les ressources de la force et du génie. Il peut succomber sous les coups de la fatalité, sans doute ; mais rien ne peut plus l'empêcher de survivre plein d'honneur et de gloire aux événements produits par les coupables efforts de la haine, et par le déchaînement de toutes les passions humaines. Aujourd'hui même cette âme noble, fière et indépendante, pour être en proie aux mortelles persécutions de la vengeance, n'en restera pas moins calme et pleine du sentiment qu'inspire une conscience pure.

Le maréchal Ney sera éternellement l'honneur et l'objet de la reconnaissance de la Patrie. Le voile lugubre qui le dérobe pour un moment à son admiration, va disparaître écarté par l'auguste vérité qui vous guide, et vous allez ramener auprès du trône, où siége aujourd'hui la justice et la vertu, ceux de ses défenseurs et de ses appuis les plus fermes et les plus dignes, qu'un affreux orage dispersa avec l'héritier même de nos Rois.

Si l'opinion, dans cette grande cir-circonstance, se rattache aux princi-pes éternels de justice et d'équité, nous osons assurer que, quelque forme que l'on suive à l'égard du maréchal Ney, quelques juges qu'on lui donne, nous devons tout espérer du jugement qui interviendra.

Dans une question de cette importance, qui intéresse si éminemment la gloire, l'honneur et le repos de la patrie, tout Français, vraiment pénétré du saint devoir que lui impose cette cause toute nationale, semble acquérir le titre de juge compétent, en ce que chaque citoyen, ayant été plus ou moins exposé ou entraîné à la participation des événements, et dont le sentiment concourt à former l'opinion qui les a dejà jugés, serait inévitablement juge et accusé dans cette affaire. Il n'y a que les hommes de partis, ou le petit nombre des absents qui n'ont qu'une idée véritablement fausse de ces événements, et auxquels il est interdit de prononcer. Maintenant le maréchal Ney, fort de la pureté de sa conscience, de ses services et de la reconnaissance de la nation, peut

se présenter au tribunal de ses pairs ,
investi de la volonté souveraine , avec
la même assurance et la même sécurité que celle qu'il montre depuis vingt-
cinq ans au tribunal des nations de
l'Europe.

Voilà donc l'état d'humiliation et de
douleur où se trouve plongé un des
premiers capitaines du monde ! Sans
doute les grands hommes ne peuvent
essuyer que de grands revers ; mais
ces événements fatiguent toujours l'es-
prit de sagesse , qui condamne ces
écarts des passions humaines. Les cha-
grins d'Épaminondas, de Phocion, de
Bélisaire , de Lycurgue même , éton-
nent continuellement les générations
qui pensent. Faut - il que l'Histoire ,
qui retrace sans relâche à nos yeux

l'injustice et l'ingratitude des nations, ne trouve pas même une seule époque pour suspendre ces exemples affligeants qui se pressent en foule sous son immortel burin ?

« Il n'y a pas de petites fautes pour » les grands hommes ; une erreur est » un crime, » disent les partis offensés. Ah ! d'après des maximes si étranges et si sévères, il faut avoir, ou des vertus au-dessus de l'humanité, ou une ambition sans limite, pour se résoudre à sacrifier, dans un seul instant, vingt-cinq ans de périls, de travaux et de gloire. L'idée lâche des crimes peut-elle atteindre une suite si longue et si recommandable d'actions sublimes, toutes aussi morales que politiques ?

Que dans le mouvement des réactions , ce qui est élevé le matin soit renversé le soir, rien d'étonnant ; mais admettre comme un crime une erreur que la force des événements qui se saccèdent avec rapidité a fait commettre , c'est ce que la raison se refuse à concevoir, et ce que la justice ne peut ni condamner ni punir.

Cependant, elle veut scrupuleusement approfondir l'origine , la nature et la conséquence de cette erreur , autant pour venger l'outragé, que pour rétablir dans tous ses droits l'accusé qu'elle examine, s'il est innocent. Tous les regards sont différemment arrêtés sur lui. Les uns étincèlent de fureur et de vengeance ; les autres roulent des larmes. Ah ! qu'il nous soit permis de dire une dernière vérité, et bientôt on verra tous les yeux s'abaisser et se confondre en un seul sentiment.

Une auguste victime des écarts révolutionnaires a succombé. Ce grand sacrifice enflamma l'Europe ; l'incendie porta ses ravages jusque sous les glaces de l'Ourse ; un torrent de sang humain a coulé pour l'éteindre , et l'humanité est encore menacée de s'y tarir : qu'une main pure et courageuse se lève pour opposer une digue à sa fureur : il semble que le ciel ait réservé aux descendants de saint Louis d'en arrêter spontanément le cours. Au moment d'un nouveau sacrifice , le Roi peut seul donner un si grand exemple de générosité , de modération et de sagesse. Que l'oubli de toutes les fautes éteigne toutes les haines , mais que le lendemain de son absolution le monarque se montre aussi sévère contre tous les partis , qu'il aura été indulgent la veille ; alors il règne ; la révolution est finie, et la France est sauvée.

F I N.

www.ingramcontent.com/pod-product-compliance
Lightning Source LLC
Chambersburg PA
CBHW061650050726
47598CB00004B/1540